AF244677

x 1 fr. 25 cent.

D'OUVRIERS MALHEUREUX.

LA
Roche Tarpéienne

Sonnets Patriotiques

PAR

Narzale JOBERT

Avec Préface de J.-L. FONTAINE

AUTEUR

du *Cardinal de Bérulle devant son pays*

et de plusieurs autres ouvrages.

———

Facta est quasi vidua domina gentium : princeps provinciarum facta est sub tributo.

La maîtresse des nations est devenue comme une veuve désolée : celle qui commandait à tant de provinces est réduite à payer le tribut.

JÉRÉMIE.   (*Lamentations.*)

———

ARCIS-SUR-AUBE

TYPOGRAPHIE LÉON FRÉMONT, LIBRAIRE,

Place de la Halle.

—

1874

LA
ROCHE TARPÉIENNE.

LA
Roche Tarpéienne

Sonnets Patriotiques

PAR

Narzale JOBERT

Avec Préface de J.-L. FONTAINE

AUTEUR

du Cardinal de Bérulle devant son pays

et de plusieurs autres ouvrages.

———

Facta est quasi vidua domina gentium : princeps provinciarum facta est sub tributo.

La maîtresse des nations est devenue comme une veuve désolée : celle qui commandait à tant de provinces est réduite à payer le tribut.

JÉRÉMIE.　　*(Lamentations.)*

———

ARCIS-SUR-AUBE

TYPOGRAPHIE LÉON FRÉMONT, LIBRAIRE,

Place de la Halle.

—

1874

AVIS

Le lecteur est prié de voir, dès le début,
Coup de Brosse qui se trouve à la fin
volume.

Préface.

I

Quand on se rend compte de la nature, des procédés de la poésie, on se dit :

Quel art immense et digne de l'esprit humain !

Pour âme, il a l'idéal dans le vrai, le beau, l'utile. Il s'exprime dans le langage qui satisfait le mieux l'harmonie de l'âme et du corps.

L'âme, il là satisfait par la grandeur de ses pensées : il atteint les sens par ses images, par son rhythme.

Qui dit idéal, fond essentiel de la poésie, dit à la fois intuition, science extranaturelle. Mais l'intuition de l'idéal, la perception du vrai, du beau, de l'utile, qui la donne? où se trouve-t-elle?

La foi, le génie, l'habitude des contemplations du côté des archétypes divins, ouvrent au poëte les illuminations qui font le sublime.

Mais qui inspire l'art de traduire le sublime, d'égaler le style au sujet, de transvaser l'âme qui chante dans l'âme qui écoute? Ce don, qui le met sur ses lèvres, au bout de sa plume?

On le devine, c'est la conviction.

La conviction élevée à la puissance de l'enthousiasme ; fruit qui ne se cueille que dans les lumières de l'intuition, dans le champ des patientes pensées, dans les soliloques de la nuit.

Ne me parlez pas de qui ne sait remonter, souvent, plus avec son cœur qu'avec sa tête, en ce domaine divin où se rendent disponibles les modèles faits par le Créateur. Celui-là, — je vous le dis en vérité, — ne recevra pas du ciel l'influence secrète, — requise par le législateur du Parnasse.

Tout au plus sera-t-il le Cotin que la satire persifle encore.

Ce qui se dit ici de la poésie, doit s'entendre également de tous les autres arts, de la sculp-

ture, de la peinture, de l'architecture, par exemple, — qui, — dans leur sphère, sont aussi une sorte de poésie, une traduction des types célestes.

Ne donnez à Raphaël que sa Fornarina, et vous verrez s'il vous présente ses madones translucides !

Ne donnez à Fiésole, pour modèles, que les Adonis de l'art païen, et vous verrez s'il vous peint ces Jésus-Christ qui remuent le cœur !

Avant de bâtir les cathédrales qui nous ravissent encore, les architectes du moyen âge avaient regardé autre chose que les monuments grecs et romains.

Ils avaient eu leur vision des cieux, — leur Apocalypse.

Il en est ainsi de toute traduction de la pensée inspirée.

Aux artistes donc, à ceux du langage comme aux autres, cette vision de l'idéal qui double les facultés, produit un noble enthousiasme, passe dans un verbe transfiguré, secoue jusqu'à la glèbe inanimée, met debout tout un peuple qui n'y pensait pas !

Les réponses du point interrogatif doubleront encore nos convictions.

II

— Fils de la Muse, à quel sommet portes-tu ton front chargé de nuages ?

— Je vais à l'Horeb, au Sinaï.

— Dieu bénisse ta marche, fils de la Muse !

Et le voici revenu avec des tablettes immortelles, un visage orné du feu sacré.

— Et toi, chantre florentin, où vas-tu avec ta Béatrix et ton Virgile ?

— Au séjour de la lumière d'En-Haut.

Et il en revient avec cette trilogie des trois mondes, qui stupéfie encore le grand et le petit, tant ses canzoni prêchent bien la justice et la bonté, le vrai, le beau, l'utile.

Et ces fils modernes de la gaye-science, du doux savoir, où vont-ils, avec un front ridé mais couronné de fleurs ?

Leurs chants ne manquent pas d'harmonie, — ils manquent de souffle.

Adorateurs d'une nature sans Dieu, confinés dans le monde des réalités, l'entrain et la puissance leur font défaut. Un peuple hébété les écoute et dit : C'est beau, et pourtant ce n'est pas cela !

Le feu sacré, l'amour, sont bannis de ces compositions. Leurs auteurs n'ont rien su ravir au ciel.

Allons donc, Prométhée, de nouveau, en dépit de tes souffrances passées, ose encore prendre aux cieux leur foudre, et sur la terre tu répandras la vie !

Pourquoi tant de nobles esprits expirent-ils au premier souffle ?

Qui les a perdus ?

III

— Le Chiffre.

Il existe sur la terre un signe numérique qui appartient à toutes les langues, unit toutes les molécules, met ordre dans toutes les confusions, traduit toutes les passions, a son jeu dans tous les intérêts, préside aux plus basses comme aux plus nobles œuvres. Cette toute puissance, c'est le Chiffre, c'est Mammon, c'est Plutus, c'est Mercure, c'est le dieu de la Finance.

Il a son temple à Paris qu'on appelle la Bourse ; ses prêtres, ses thuriféraires, qu'on nomme banquiers et agioteurs.

Ce dieu fait d'or et d'argent sait rendre des oracles.

Il a dit : Le penseur est un sot. Plus sot encore est l'homme qui se mêle de chanter des hymnes au Créateur des mondes, des leçons à l'humanité, sur le psaltérion de David, sur la trompette d'Homère, sur les pipeaux de Théocrite et de Virgile.

Ce débitant d'oracles, cet adorateur du Veau d'or, importuné par les chants du poëte, lui escompta de beaux écus pour le soumettre à la loi du silence.

Le peuple chanteur figuré par le savetier du fabuliste, se tut d'abord, mais bientôt il revint à sa nature lyrique

Alors le dieu de la Finance imagina de mettre au service de ses sots et criminels plaisirs la Muse intarissable.

Mais à dater du jour où la science de chanter se fit bacchante ou bayadère, elle perdit le feu sacré, le don des grandes pensées, des nobles accents, l'instinct du vrai, du beau et de l'utile. Pauvrette sur ses vieux jours, elle fut reléguée avec ses paperasses, dans les hauts royaumes des rats et des souris.

Le Chiffre avait tué la poésie par une double tentation.

IV

Cependant, toute la jeunesse chanteuse ne plia pas le genou devant le dieu Chiffre; ni elle n'accepta un silence payé; ni elle ne voulut des honoraires honteux pour des chants indignes.

Une noble génération s'est trouvée, qui, dédaignant les avances du coffre-fort avec celles du mauvais goût, s'est maintenue dans le culte du véritable idéal, dans le sentiment du vrai, du beau, de l'utile.

Elle a continué de croire que la pensée noble était l'âme de la poésie, qu'elle avait une mission sublime : celle de répandre les idées généreuses, d'élever au-dessus de lui-même, jusqu'au ciel, ce peuple que le travail outré, d'accord avec le diable du plaisir, tient asservi dans la geôle des sens.

V

Dans cette phalange de poëtes qui savent charmer l'âme et l'oreille, nous en connaissons un à qui l'avenir prodigue ses plus gracieux sourires.

Confiné dans un humble ermitage, comme le Jocelyn de Lamartine, tour à tour il consulte Dieu dans sa Bible, dans les parchemins des Docteurs. Il se pénètre de la toute-puissance au spectacle de la Nature, il va des astres aux fleurs, du tonnerre au chant de l'oiseau. Revenu de ses extases, de la contemplation du vrai, du beau, de l'utile, il commande à l'hémistiche et à la rime, et ces deux auxiliaires du poëte nous traduisent les échos de son esprit plein de ciel.

Le pays des trouvères et des troubadours a entendu la muse que nous aimons, et a couronné plus d'une fois ses chants.

Nous ne violons pas les lois de la discrétion quand nous disons au monde des esprits délicats : -

Attendez un peu, l'hôte de l'ermitage va nous donner des strophes nouvelles.

Je sais déjà sa Chaumière et sa Verginella, deux cris du cœur en faveur du pauvre, dont les pandours d'Outre-Rhin ont brûlé le chaume, le grabat, l'escabeau, tout, en un mot, ce qui fait le capital du travailleur.

Mais je sais une autre œuvre, plus grande, plus belle, plus attendrissante. Bientôt elle va paraître.

Le poëme a pour titre : **La Roche Tarpéienne.**

On ne pouvait dans un meilleur cadre faire scintiller l'idée qui court tout le long du livre. Si Berlin sait ce fier intitulé, il aura peur un peu de son Capitole du moment. Les hauts sapins de là-bas ne tremblent pas qu'au souffle de la bise. *Les vibrations d'un vers français avaient aussi le don d'émouvoir le meunier de Sans-Souci.*

Notre jeune ami, M. Narzale JOBERT, *a cessé de demander à ses livres, à la campagne, aux chênes de la forêt, leurs inspirations. Il a vu les malheurs de la France.* « *O ma mère!* » *s'est-il écrié. Ce cri de toute grande âme, cet accent du patriotisme, il l'a traduit en trente-deux sonnets, qui sont comme les chants d'une grande épopée: celle de la dignité nationale aux prises avec la brutalité prussienne, avec la soif sanguinaire des passions modernes.*

Le poëte a mis en relief, dans son œuvre, les grands actes et les grands faits de cette période néfaste. Les dévoûments sublimes, les luttes vaillantes, il les préconise, il les exalte. Les lâchetés criminelles, les bassesses odieuses, les forfaits monstrueux, il les marque hardiment du fer rouge de la réprobation.

Dans ces sonnets écrits au jour le jour, sous le coup de fouet des événements, on croit entendre parfois siffler le fouet de Némésis avec l'âpre vigueur de Juvénal : Facit indignatio versum.

La muse de notre poète, a brisé le moule classique du sonnet primitif ; elle a cassé les entraves des rimes de convention ; elle s'est donné du large. L'auteur a pourtant voulu conserver les grandes lignes, comme l'a fait Charles Baudelaire, l'initiateur audacieux du sonnet indépendant, qu'on peut appeler encore sonnet irrégulier. Heureuse irrégularité, à notre sens, félix culpa !

Les lecteurs d'élite, en savourant cette nouvelle œuvre, voudront s'associer aux sentiments de l'inspiré qui l'a conçue. Après l'avoir lue, on s'honorera de sentir en soi se doubler l'amour de la France. On sera heureux de se sentir rafraîchi par le souffle de l'espérance, après avoir bu aux eaux amères d'une trop juste indignation.

J.-L. FONTAINE.

De la Montagne, le 30 décembre 1873.

La

Roche Tarpéienne.

I

Lueur dans l'Abime.

Extincta revivisco!
Blason de Châteaudun.

La Roche Tarpéienne est près du Capitole.
Tu subis cette épreuve, ô ma Patrie en deuil !
Toi qui des nations naguère était l'idole,
Dont le front rayonnait de splendeur et d'orgueil !

O France, qu'as-tu fait de ta riche auréole?
Un barbare ennemi s'est rué sur ton seuil?
Il a cerclé d'airain la grande métropole,
Et t'a précipitée à deux doigts du cercueil!...

Tu laissas trop longtemps, amollie et sceptique,
Les lâches passions mordre ton cœur antique;
Ressaisis les vertus fécondes des aïeux!

Comme Lazare alors, ressuscitant aux gloires,
Tu pourras, le front ceint du laurier des victoires,
Monter au Capitole et rendre grâce aux Cieux!

Février 1872.

II

LES TURCOS DE WISSEMBOURG.

> Tous sont braves, repoussent l'in-
> sulte, et moi, comme eux, je
> m'élance sur l'ennemi à la
> première attaque.
>
> SCHANFARA, poëte arabe

LORSQUE ces enfants de l'Afrique,
Au cœur de bronze, au teint de cuir,
Malgré leur effort énergique,
Virent la victoire s'enfuir ;

Leur prunelle darda des flammes
Comme les fauves du désert,
Et leurs fusils aux blanches lames
Frémirent sous leurs doigts de fer.

Alors, effroyable mêlée,
Trombe vivante et barbelée,
Ils fondent sur le Prussien.

Ils frappent, frappent à outrance...
La retraite sonne et commence,
Mais les Turcos n'entendent rien.

Août 1870.

III

Reichshoffen.

Qu'il sera fier de vous, le héros qui vous guide,
Vrais soldats d'un nouveau Scipion l'Africain !
Léger Noel.

Les Germains ont crié : Victoire ! — La défaite
Vous donne plus d'honneur, Français, que leur
[conquête. —
Peuple sage, et surtout prudent en ses exploits :
Ils étaient dix contre un, et cachés dans les bois !

Vous, sous l'ardent soleil, lignards, turcos, zouaves,
Vous avez affronté la mort comme des braves ;
Mais votre dévoûment, votre abnégation,
Emporte, ô cuirassiers, toute admiration !

Pour le salut commun, généreuse hécatombe,
Du cratère ennemi vous fîtes votre tombe...
Renaissez à la gloire ainsi que le phénix !

Votre vaillance épique en nos cœurs est gravée,
O dignes rejetons des Francs de Mérovée,
Des Gaulois chevelus de Vercingétorix !

Août 1870.

IV

LES VILLES FORTES.

> Une ville n'est jamais sans
> murailles quand elle est envi-
> ronnée, non de briques, mais
> d'hommes de cœur.
>
> LYCURGUE.

NIDS de héros, cités de braves,
Fortes comme des Ilions,
Qui, pour repousser les entraves,
Avez fait surgir des lions !

Vos enfants, énergiques villes,
Eurent des trépas glorieux ;
Léonidas aux Thermopyles,
Certes, n'a pas succombé mieux !

Honneur, honneur à vos murailles !
Vous vous êtes ri des mitrailles,
Vous avez su ne pas fléchir.

Je m'écrie, admirant votre âme :
Malgré le fer, malgré la flamme,
Cités, vous ne pouvez mourir ! —

Octobre 1870.

V

LES ZOUAVES PONTIFICAUX.

> Oh ! que Dieu fait aux siens une
> grande gloire de montrer parmi
> eux de telles âmes dans ce siècle
> perdu de bassesse.
> Louis VEUILLOT.

DOUX comme des agneaux, forts comme des lions.—
Dans ce siècle sans foi, mol et pusillanime,
Soudain ils ont surgi, du droit fiers champions,
Et se sont élancés, lutteurs au front sublime.

Un double et saint amour palpitait en leur cœur :
Religion, Patrie ; — éloquente devise !
Fils des anciens Croisés, ils eurent pour l'Église
Et pour la Nation — un bras plein de vigueur.

Salut, nobles enfants d'une race choisie,
Qui, marchant aux combats, placez l'Eucharistie,
Robuste nourriture, aux plis de vos drapeaux !

Rome et France ont connu votre vaillante-épée.
Quelque poëte, un jour, fier de son épopée,
Chantera vos labeurs éternellement beaux.

Décembre 1870.

VI.

L'Ange de la Charité.

> Au premier cri qu'elle entend,
> heroïque et dévouée, tou-
> jours calme, elle se lève et
> elle vient au secours de
> l'orphelin abandonné, de la
> veuve sans appui, du soldat
> couvert de blessures et de
> sang.
>
> Fulbert Dumonteil.
> *(Gaulois.)*

OH ! vous appartenez aux célestes phalanges,
Modeste Sœur, cœur d'or, au front candide et pur,
Qui venez, sans dégoût, sur nos terrestres fanges,
Rayonner doucement, comme un placide azur !

Messagère de paix qu'implore l'agonie,
Vous accourez, suave, au chevet des douleurs,
Et sur nos maux, votre âme et votre main bénie
Versent les charités, — baumes consolateurs.

Lorsque les défenseurs de notre chère France
Tombaient frappés, soudain, sur le champ des combats,
Un ange apparaissait, qui leur ouvrait ses bras.

Et ces enfants trouvaient, au sein de la souffrance,
Comme une vision de l'amour maternel. —
Cet ange, c'était vous, tendre Sœur, don du ciel ! —

Janvier 1871.

VII

LE FRÈRE DE LA DOCTRINE CHRÉTIENNE.

> Je vous atteste ici, héros armés pour nous,
> Vous dont la gloire sait comprendre toute gloire,
> Répondez ! N'est-ce pas que la soutane noire
> Cache des cœurs vaillants à nous rendre jaloux ?
> Henri DE BORNIER.

IL enseigne l'enfant du peuple avec bonheur. —
Il pourrait s'élever, mais il est sans envie ;
Aux humbles dévoûments il consacre sa vie,
Et dans les charités il dépense son cœur.

Quand sonna comme un glas l'heure des combats
Il quitta sa retraite et vint offrir ses bras.   [rudes,
Il couvrit nos soldats de ses sollicitudes,
Et son œuvre d'amour ne le vit jamais las.

Avec quels soins touchants il pansa vos blessures,
Sous la flamme et le fer, ô tombés, ô meurtris,
Des luttes de province et des heurts de Paris !

Il escompta toujours en bienfaits les censures.
Avez-vous parfois vu défaillir sa bonté ?
Il fut le héros vrai de la fraternité.

Janvier 1871.

VIII

La Main de Dieu.

> Demandons-nous à nous-mêmes
> si nous n'avons pas fait monter
> au Ciel le cri de quelque
> grande iniquité qui appelle
> enfin justice.
> Félix DUPANLOUP.

BALTHASAR, confiant dans ses remparts épais,
Menait à Babylone une incessante orgie.
Qui pourrait, songeait-il, venir troubler ma paix ?
Je ne crains rien, ni Dieu, ni la Perse ennemie.

Cependant, au milieu d'un festin, long blasphème,
Il vit un soir courir un doigt mystérieux,
Écrivant sur le mur des mots sentenceux.

Et monarque et royaume expiraient la nuit même.

Tôt ou tard, il nous faut compter avec le Ciel.
Son courroux, parfois lent à frapper le coupable,
A la fin se déchaîne, inflexible et mortel.

France, Dieu t'aime encore, il te fit guérissable.
Reconnais sa justice et son affection,
Et redeviens par lui la grande Nation !

Février 1871.

IX

LES MORTS INCONNUS.

> La gloire de leur mort m'a payé de leur perte.
> Pierre CORNEILLE.

OUI, gloire à ces enfants qui partirent stoïques,
Sur le premier signal du Pays en danger !
Sans regrets, ils ont fui leurs foyers domestiques
Pour saisir le mousquet et chasser l'étranger.

A la frontière ils ont couru d'un bond rapide,
S'opposer, digue humaine, au torrent ennemi ;
Duel géant, lutte énorme, où le glaive livide
Du Trépas — moissonna sans trève et sans merci.

Qui dira leurs combats, corps à corps, inflexibles ?...
Mais le théâtre ardent de leurs efforts terribles
S'affaissa sous leurs pas et devint leur tombeau.

Paix à votre sommeil ! respect à vos poussières,
Chers défunts ! — L'avenir, un jour, verra vos frères
Se lever et venger votre vaillant drapeau !

Mars 1871.

X

Le Chatiment.

Debout ! Debout ! Tu dois l'exemple à l'univers.
Aristide Lomon.

Un Sisyphe allemand roule une énorme pierre,
Où ces mots sont inscrits : *Hîc jacet Gallia.*
Il a creusé la tombe et préparé la bière ;
Voici le monument auquel il travailla.

Sur un lit de douleurs, la France à l'agonie
S'agite. L'œil fiévreux, le fossoyeur attend.
Tes jours sont-ils comptés, ta mission finie,
France? Et vas-tu sombrer dans l'abîme béant?

Dieu t'avait faite grande et placée en ce monde,
Pour être son soldat et son porte flambeau;
Mais, hélas! tu faillis à ce rôle si beau.

Le châtiment arrive: une chûte profonde...
Repens-toi, redeviens fidèle à ton devoir!
Dieu s'apprête à te rendre et la vie et l'espoir.

Mars 1871.

XI

LE SIÉGE PRUSSIEN.

> Bientôt vous entendrez, par cent bouches rivales,
> L'airain contre l'airain tonnant avec fracas.
> **GILBERT.**

PARIS, foyer des arts, brillant comme une cime,
S'est transformé soudain en un vaste cercueil.
Le siége étreint ses murs. — De l'antique Solyme
Doit-il revoir les jours de ruine et de deuil ?

A l'entour, du canon les sourds accents détonnent,
Couvrant bruits et clameurs. Sur les fronts nuagers,
En ellipse fatale, incessamment rayonnent
Obus, bombes, boulets, terribles messagers...

Le zodiaque de fer comprime toute issue.
Le lion captif voit son attente déçue,
Et surgir lentement le spectre de la faim.

Les mères qui, déjà, se sentent les mains vides,
Regardent l'horizon, près des berceaux avides,
Mais rien ne vient sinon — les durs envois d'airain.

Mars 1871.

XII

LACRIMÆ RERUM.

> Des visions sombres comme
> celles d'Ezéchiel traversaient
> la nuit de ma pensée.
> Alfred NETTEMENT.

PARTOUT, des deuils, partout, des sanglots, des
[alarmes,
Cailloux aigus de nos sentiers ; —
Ton titre véritable est bien « vallon de larmes, »
O terre que foulent nos pieds !

Sur nos têtes, le ciel, sans sourire et sans joie,
        Pèse comme un manteau de plomb ;
Et nous.sentons que Dieu sur nos destins déploie
        La verge d'un courroux profond.

Que notre repentir éteigne sa colère !
(Les pleurs de ses enfants touchent le cœur d'un
                                        [père,)
        Son pardon descendra sur nous...

Et son bras tout-puissant comblera notre abîme ;
Et le soleil, du haut du firmament sublime,
Nous illuminera des rayons les plus doux.

Avril 1871.

XIII

LE MESSAGER AÉRIEN.

> L'âme de la patrie palpite sous
> leurs petites ailes.
> Paul de SAINT-VICTOR.

VIRGULE blanche et fugace,
Rayant l'océan des airs,
Où va cet oiseau qui passe
Sans crainte des bruits divers ?

Du biblique Patriarche
C'est le doux ambassadeur ;
Il regagne Paris, — arche
Que bloque l'airain grondeur.

A mille âmes anxieuses,
Loin des têtes précieuses
Qu'exila l'ouragan noir,

Le ramier tendre et fidèle,
Comme un trésor sous son aile
Apporte un rayon d'espoir.

Avril 1871.

XIV

LE CIMETIÈRE DE LOIGNY.

> La guerre que nous subissons est une guerre d'expiation, et Dieu a déjà choisi parmi nous les victimes les plus nobles et les plus pures.
>
> D'ALBIOUSSE,
> Commandant de la légion
> des *Volontaires de l'Ouest.*

'DANS la fraternité d'un tombeau plein de gloire,
Dormez votre sommeil, ô mes jeunes héros !
Vos noms vaillants vivront recueillis par l'histoire,
— Points scintillants parmi d'indicibles cahos !

Votre sang généreux tombé sur ces collines,
Parlera. — L'espoir naît de vos nobles trépas.
Pur holocauste offert aux justices divines,
Vous prirez dans les Cieux le Maître des combats.

Entre son bras vengeur et son peuple infidèle
Placez vos dévoûments, vos luttes. votre zèle,
Comme un palladium, — sublime protecteur !...

D'un regard consolé nous verrons le Seigneur,
Faisant à son courroux succéder la clémence,
Rendre, en votre faveur, son amour à la France.

Avril 1871.

XV

LES OTAGES MARTYRS.

> Ave, Cæsar, morituri te judicabunt !
> *Salut des martyrs aux*
> *empereurs romains.*

ILS sont venus, ainsi que des bandes d'hyènes,
La rage dans le cœur et le blasphème aux dents ;
Démoniaques impurs, vomis par les géhennes
Des cités aux bas-fonds écumeux et grondants.

Ils vous ont arrachés, — admirables victimes ! —
Aux bienfaits que sur tous vous versiez généreux ;
Et l'asile — étonné — des haines et des crimes
Abrita l'innocence et les soupirs pieux.

Bientôt pour les bandits sonna l'heure fatale.
Au *Consummatum est* de leur œuvre infernale,
Doux captifs, vous leviez vos bras pleins de pardons...

Mémoires de martyrs désormais immortelles !...
De leur sang répandu jaillit des étincelles
En nimbes glorieux, qui couronnent leurs noms !

Mai 1871.

XVI

LA PÉTROLEUSE.

> Quelle impitoyable Euménide
> De ses feux infecte les airs ?
> Jean-Baptiste ROUSSEAU.

O femelle sans nom, turpide créature,
Gaupe infâme, mégère immonde, à l'œil haineux,
Monstre qui n'offre rien d'humain qu'une figure
Où le vice incrusta son tatouage affreux !

Non ce n'est pas du sang qui dans tes veines coule,
C'est du pus corrosif, c'est du fiel sanieux.
Est-ce quelque harpie, est-ce une once, une goule,
Qui t'a produite ?... — En vain je cherche tes aïeux.

Quel Satan t'a poussée à ton œuvre funeste ?
Parmi nous, ta présence est pire que la peste,
Car, — debout — le fléau laisse encor nos maisons.

L'ignoble envie arma ton poignet pour le crime...
Il nous a semblé voir s'échapper de l'abîme
Une sale Gorgone agitant des tisons.

Mai 1871.

XVII

Paris en Feu.

O horror ! horror ! horror !
William Shakspeare.   (*Macbeth.*)

Sommes-nous revenus aux sinistres folies
D'un Néron, — quand, trônant au sommet de ses
[tours,
Dans Rome il déchaînait l'hydre des incendies,
Et suivait en chantant son dévorant parcours ?

Le Vésuve anarchique aux bouillantes fournaises
Lance à jets continus la flamme sur Paris ;
Monuments et palais s'affaissent dans les braises
Ainsi que les damnés par le Dante décrits.

Œuvre lâche, barbare, et du plus sot délire !
Ces Erostrates vils, nés des ruisseaux fangeux
Impuissants à fonder, s'acharnaient à détruire.

Ruines, demeurez constamment sous nos yeux !
Que devant cet absurde et trop cynique outrage
Chacun crie anathème à la horde sauvage !

Mai 1871.

XVIII

LES RAPACES.

> Quærens quem devoret.
> Saint PIERRE.

LES Rapaces du Nord avaient faim d'une proie.
Comme un tigre qui guette un agneau sans défense,
Soudain ils sont tombés sur notre douce France,
Lâches pandours, avec une féroce joie.

Ils ont rongé sa moelle, ils ont pompé son sang :
Sa sève généreuse, ils pensaient la tarir ;
Vous avez vu leur rage ardente à s'assouvir,
Des chiens à la curée ont moins d'acharnement.

O France, tu croyais qu'ils tenaient une épée,
Ces soldats ; — tu t'étais étrangement trompée.
Leur arme est un stylet, et ce sont des bandits.

Ils voulaient t'asservir, — ils se sont avilis.
Et les voilà, portant à leur face de reîtres,
Comme Caïn maudit, le stigmate des traîtres.

Juin 1871.

XIX

Deux Sœurs.

> Deux estions et n'avions qu'un cœur.
>
> François VILLON.

J'AI vu passer naguère une mère éplorée
Avec de longs cris déchirants ;
A son amour profonde une main abhorrée
Venait d'enlever deux enfants.

Cette femme, c'était la France, tendre reine,
    Comme Rachel, versant des pleurs
Sur son trésor ravi, l'Alsace et la Lorraine,
    Deux aimables et fortes sœurs.

France, que par l'espoir tes larmes soient séchées !
Tes filles pour jamais ne sont pas arrachées
    A ton doux giron maternel !

    Un David, conduit par le ciel,
Au Goliath, un jour, arrachera sa proie,
Et la rendra joyeuse à ton cœur plein de joie !

Juin 1871.

XX

Le Fouet.

Je n'ai fait que passer, il n'était déjà plus.
Jean RACINE.

NE t'ennorgueillis pas point du succès de tes armes,
Teuton, et ne va pas le crier sur les toits ;
Nous connaissons l'honneur des choses que tu trames,
Le monde sait le prix de tes nobles exploits.

Souviens-toi d'Attila, ce ravageur superbe,
Nous l'avons aussi vu sur notre sol chéri.
Les pas de mon cheval, disait-il, grillent l'herbe...
Le Barbare est tombé, mais l'herbe a refleuri.

Ainsi reverdira la Gaule au sein fertile,
Ainsi tu crouleras, Colosse aux pieds d'argile ;
Tu ne fus qu'un fouet vil entre les mains de Dieu.

Coupables — nous avons sa colère éprouvée ;
Or, qu'advient-il du fouet, sa besogne achevée ?
On le brise, on le jette au feu.

Juillet 1871.

XXI

Le Chêne Gaulois.

> **Pastouros del bouscatge**
> **N'ou cantes plus et que tout reste mut !**
> Jacques JASMIN.

PLEIN d'une sève généreuse,
Dans l'air, le vieux chêne gaulois
Dressait sa tête vigoureuse.

Les oiseaux livraient des tournois
Harmonieux — dans le feuillage,
Mille êtres vivaient sous l'ombrage.

Voici qu'un sombre bûcheron
Accourt de la forêt voisine,
Et d'une cognée assassine
Détache deux rameaux du tronc.

Il s'en empare et les insère
Dans l'arbre qu'il veut enr'chir...
Mais sur une tige étrangère
Les rameaux ne sauraient verdir.

Juillet 1871.

XXII

Le Prix d'Histoire.

> Je veux marquer d'un sceau cette horde farouche
> De triomphateurs insultants.
>
> Edouard Turquety.

Au Collége joyeux — solennité publique. —
Le laurier vert promis aux studieux labeurs
Vole chercher le front des paisibles lutteurs,
Aux acclamations d'un peuple sympathique.

Dans le calme attentif qui vient de s'imposer,
Le héraut crie un nom et : Premier prix d'histoire !
Un enfant pâle sous sa chevelure noire,
Se lève, et va cueillir et couronne et baiser.

Enfant aux yeux profonds, grandis, songe, médite ;
Unis en ton esprit Juvénal et Tacite,
Prends à l'un sa lanière, à l'autre son burin.

Flagelle sans pitié nos vices délétères,
Mais aussi, pour jamais, flétris de caractères
Sinistres — ces sanglants barbares d'Outre-Rhin.

Août 1871.

XXIII

L'Épée de la France.

> Nessun maggior dolore
> Que ricordarsi del tempo felice
> Nella miseria.
>   DANTE ALIGHIERI.   (*Enfer.*)

O France, cette épée éclatante et terrible
Qu'autrefois maniaient d'une dextre invincible
Clovis et Charlemagne, énergiques guerriers,
Qu'est-elle devenue en ces jours meurtriers?

La rouille corruptrice, à la vile morsure,
En silence rongeait cette lame si pure,
Et quand de son fourreau poudreux tu la tiras,
Le premier choc la fit se briser en éclats.

Il faut la retremper dans l'ardente fournaise,
Et refaire ton bras, ô Nation française,
Aux luttes, aux labeurs des vaillants et des forts.

Alors, tu pourras voir, sous tes nobles efforts,
Reverdir ton laurier aux feuilles triomphales,
Et ton acier — l'effroi des nations rivales.

Septembre 1871.

XXIV

Jeux de Princes.

Quidquid delirant reges, plectuntur Achivi.
HORACE.

DES peuples accablés sous le poids des impôts,
Leur sueur convertie en armes homicides,
Des milliers d'enfants pris à leurs féconds travaux,
Aux amours maternels, aux vieillards invalides ;

Des ruines sans nom, des plaines ravagées,
Où mûrissait l'espoir de calmes laboureurs,
Des villages en feu, des cités saccagées,
Des femmes, des petits, sans abris protecteurs ;

Des morts jonchant ainsi que des feuilles d'automne
Les remparts, les guérets dans le sang qui bouillonne,
Des pleurs et des sanglots aux déchirants éclats ;

Partout des deuils profonds à frapper de délire ;
Et tout cela — pour qu'un monarque puisse dire :
J'ai d'un pouce de terre agrandi mes Etats !

Octobre 1871.

XXV

Sursum Corda !

> Il s'en allait loin de la vallée
> de larmes, dans la cité de
> paix.
>
> Félicité Lamennais.

OH ! que les spectacles du monde
Sont affligeants, sont douloureux !
Cette humble terre n'est féconde
Que pour les œuvres malheureux.

Ce n'est plus un peuple de frères,
Ce sont des agneaux et des loups,
Des colombes et des vipères,
Purs Abels et Caïns jaloux.

Partout trahisons, injustices,
Crimes, ténèbres, précipices ;
L'air que l'on respire est mortel.

Mon âme alors, toute meurtrie,
Cherche des ailes et s'écrie :
Sursum corda ! volons au ciel !

Octobre 1871.

XXVI

MATER DOLOROSA.

> Et rien ne parlait haut comme le grand silence
> Qui dominait alors cette ruine immense.
> Auguste BARBIER.

DANS la nuit qui suivit la dernière bataille,
Nuit morne et sombre ainsi qu'un désespoir accru,
Au vaste champ des morts fauchés par la mitraille,
Comme une reine en deuil la France m'apparut.

Elle portait au front le touchant diadème
Des douleurs. Ses regards de pleurs étaient emplis ;
Pieusement sa main sur la couche suprême
Effeuillait des lauriers à des cyprès unis.

Et sa voix murmurait : J'ai vu votre vaillance,
Pauvres chers trépassés ! Je suis fière de vous ;
Vous avez bien lutté pour le salut de tous !

Vos cendres germeront, héroïque semence.
Vous fûtes par le nombre écrasés, — non vaincus.
Vos neveux grandiront guidés par vos vertus.

Novembre 1871.

XXVII

Le Réveil de Brennus.

A feire tôt mes venjances venut est la vigille.
(Entrée en Espagne.)

RÉVEILLE-TOI, Brennus, indompté chef des Gaules,
Dont l'intrépide élan ne craignait rien, — sinon
Que la voûte des cieux croulât sur tes épaules,
Guerrier roux, qu'escortait la terreur de ton nom !

3

Oh ! ton œil fulgurant comme une braise ignée
De courroux s'alluma sous ton tumulus vert,
Quand, aux bords séquanais, tu le sentis couvert
De la tourbe teutonne, étrange graminée.

Et l'épée au fer dur que tu jetas dans Rome,
Avec le *Væ victis !* comme un poids au flot d'or,
Couchée à tes côtés dut tressaillir encor !...

Secoue, ardent héros, ton séculaire somme ;
Rappelle autour de toi tes légions d'airain,
Et, comme tu passas l'Allia, franchis le Rhin !..

Décembre 1871.

XXVIII

Les Femmes Généreuses.

> Les femmes seules ont cette force
> d'initiative, cet emportement
> de charité qui forcent les por-
> tefeuilles, comme l'Evangile
> veut qu'on emporte le ciel,
> violemment.
>
> Ernest Legouvé.

On vit toujours au front des œuvres rédemptrices
S'avancer une femme ardente dans sa foi.
L'histoire dit vos noms, nobles instigatrices,
Et nous les bénissons dans un pieux émoi.

Geneviève, Clotilde, et Jeanne de Lorraine
Sur leur siècle ont versé le salut et l'espoir ;
Figures qui, portant une gloire sereine,
Parmi nos jours troublés paraissent se mouvoir.

Dans votre cœur fécond, dignes femmes de France,
La pensée a germé de notre délivrance,
Le Pays applaudit votre appel généreux.

Riche et pauvre viendront d'une main qui console,
L'un vous offrir son or et l'autre son obole :
Rançon qui lèvera le joug tant désastreux.

Février 1872.

XXIX

VERCINCÉTORIX.

> Vercingétorix personnifia la Gaule :
> elle était courbée et non vaincue.
>   . Delandide de SAINT-ESPRIT.

SALUT, ô noble Arverne à l'épaisse crinière,
Dont le bronze tressaille au front du mont Auxois !
J'aime ta pose digne et cette mine fière
Qui semble s'animer encor comme autrefois.

Afin de secouer d'humiliantes chaînes,
De notre vieille gloire, énergique rempart,
Ton bras fort souleva les villes et les plaines,
Et de l'indépendance agita l'étendard.

La fortune trahit l'élan de ton courage ;
Tu succombas enfin, mais ton dur esclavage
Te rehausse, tandis qu'il flétrit tes vainqueurs.

De ton sommet altier, ta grande voix nous crie :
O France, prends ces fers dont ma main fut meurtrie,
En foudres tourne-les contre tes oppresseurs !

Alise-Sainte-Reine, 19 juin 1873.

XXX

La France a Genoux,

> Oh ! que Dieu est bon pour la France ! Quelle corresponde à cette bonté, et qu'elle vienne, humiliée et repentante, pleine de confiance et d'amour, pleurer comme Madeleine, aux pieds de son Sauveur !
>
> Mgr DE SÉGUR.

ALORS qu'à Tolbiac la Gaule renaissante
Luttait ; sur ses héros voyant la mort pleuvoir,
Et sa lance fléchir sous la masse écrasante,
La Gaule, en cet instant ne perdit pas espoir.

Elle invoqua le Dieu de Clotilde, sa reine ;
Ce grand soupir émut Celui qui fait les sorts ;
Et la victoire qui fuyait déjà lointaine,
Revint et couronna ses courageux efforts.

Seigneur, nous t'implorons. — Une lèpre intestine
Au farouche étranger se ligue contre nous.
Mais vois la France en deuil te prier à genoux !

Sur sa tête meurtrie, étends ta main divine !
Ton cœur ne sera pas insensible à ses pleurs :
Viens combattre avec elle, et nous serons vainqueurs !

Paray-le-Monial, 20 juin 1873.

XXXI

PIE IX.

> Astiterunt reges terræ, et prin-
> cipes convenerunt in unum
> adversus Dominum et adversus
> Christum ejus.
>
> DAVID.

PARMI les croulements, parmi les défaillances,
Les lâchetés et les hontes, tristes à voir,
Au sein de ce chaos d'insignes décadences,
Ferme, — un homme est resté — debout dans son
[devoir.

Pilier d'airain qui dresse au milieu des ruines
Son fût inébranlable et plein de majesté,
Chêne dont l'ouragan assaille les racines,
Roc de granit des flots écumeux insulté.

Oh ! sur ton Golgotha que ta souffrance dure,
Saint Martyr ! — Et combien ta lèvre a bu de fiel !
Spectacle unique — et grand — sous la voûte du ciel !

Dans la lutte du Mal tu n'as que ta foi pure,
Pour glaive, — et tu vaincras, ô doux Pontife-Roi :
  — L'avenir est à toi ! —

Juillet 1873.

XXXII

La Croix.

Spes unica !
Hymne de la Passion.

Vive la Croix ! La Croix, c'est le salut du monde,
Et ce sera le tien, France, si tu le veux !
Car de ses bras ruisselle une vertu féconde,
Mère des œuvres forts et des cœurs valeureux.

Quels rayons pleins d'espoir, quelles clartés propices
Tu répands sur un peuple, ô Labarum divin !
Ainsi que la colonne aux flammes conductrices
D'Israël au désert tu montres le chemin, —

Le chemin assuré des triomphes solides,
Des gloires dont l'éclat fait les fronts resplendir,
Et plongent à travers les siècles sans pâlir.

O mon pays, veux-tu d'auréoles splendides
Voir briller de nouveau l'illustre nom français?
Suis la Croix rédemptrice : *In hoc signo vinces !*

Août 1873.

FIN.

LE COUP DE BROSSE.

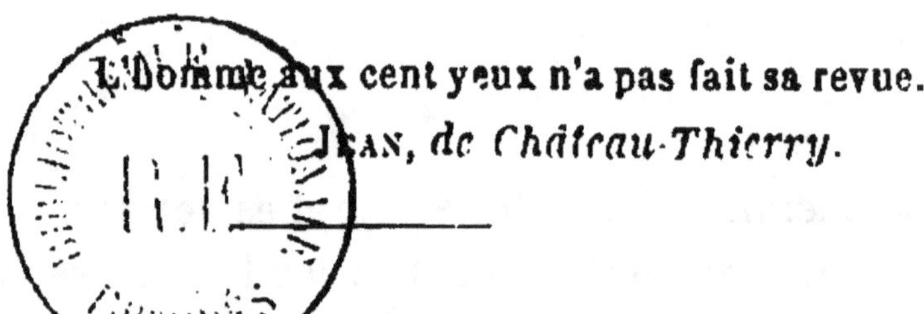

L'homme aux cent yeux n'a pas fait sa revue.
JEAN, *de Château-Thierry*.

PRÉFACE. — Page I. 1re ligne, après *nature,* substituer la conjonction *et* à la virgule.

Même page : 3e ligne, après *immense,* mettre une virgule à la place de *et.*

Page VI : 8e ligne, placer une virgule après *conviction,* au lieu d'un point.

Page XIV : Avant-dernière ligne, au lieu de *coup de fouet,* lire *coup de feu...*

SONNETS. — Page 1 : 3e vers, au lieu de *était* lire *étais.*

Page 12 : 4e vers, au lieu de *beaume,* lire *baume.*

Page 16 : 3e vers, au lieu de *sentenceux,* lire *sentencieux.*

Page 20 : 8e vers, enlever l'accent de *chute.*

Page 27 : 4º vers, au lieu de *cahos*, lire *chaos*.

Page 28 : 4e vers, au lieu de *prirez*, lire *prirez*.

Page 39 : 1er vers, supprimer *pas*.

RHYTHME PLUS CONFORME A LA PROSODIE.

Page 22 : 5e vers, au lieu de : *Le zodiaque de fer*, lire : *Le grand orbe de fer...*

Page 23 : 3e vers, au lieu de : *Démoniaques impurs*, lire : *Ces démons forcenés...*

Table.

FIN
DE LA TABLE.